Lisi Schuur und Eike M. Falk

Lichtspiele

© Lisi Schuur und Eike M. Falk
Herstellung und Verlag:
BoD – Books on Demand, Norderstedt
ISBN: 9783756808649

lichtspiele (lisi und eike)

der himmel
und der nasse asphalt
bestätigen sich

beide von einem grau

zwischen schwarz und weiß
erschöpft sich das leben

endlos
erstreckt sich die straße
endlos
ziehen die wolken

darin

wie in einem roman
lese ich mich

———

zwischen
himmel und erde
spielt das licht

es
lächelt
heute

stöbert
verstecke
auf

———

lichterketten
aus falltiefen
vom wurzelversteck
in die höchsten gipfel
der bäume
lichtzauber
zu erwecken

glühwürmchen
aufwärts strebend

sendebereit
zeichen empfangend

luciferin
in gespeicherter menge

———

die sonne
die nicht aufgeht

die träume
der nacht
zu bewahren

———

dein schatten
fremd
bestimmt
leuchtest du
einen kurzen moment
im licht

———

es bestimmt ein jeder
was er zu sehen gedenkt
selbst
was ein schmetterling sieht
könnte ich mir einbilden

was er empfindet
wenn er über dem see
zu gaukeln beginnt

———

am himmel
ein bouquet
fantastischer bilder
versprühte
schönheit strahlt
mit sehnsuchtsblick
verglüht leuchtend
in der luft
hängen träume
aus silber und gold
schall und rauch
leere hülsen
bedecken den boden

———

begin the beguine …
first time ever i saw your face …

zielen
treffer
der zettel landet
im papierkorb

hab mich noch einmal
vergewissern wollen

the lights are bright on broadway …

eine klarinette
licht

steigen wiesen auf
in der nacht
wachsen sonnenblumen
mond und sterne
wandern

der himmel
unten am strand

———

spüre den strom
der durch mich gleitet
tief unter mir
lieg ich im toten brunnen

ein lichtstrahl
findet den weg hinab
die harpune zieht sich
daran hoch

quer durch
den körper
vibriert sich
ein wissen

ohne angst
ohne wehren
nur wollen

aus dem nebel
taucht etwas auf

der himmel enthüllt sich

langsam

———

licht
als ein faktor
den es zu berücksichtigen gilt

licht
einmal
als gegensatz
einmal
als komplementär

licht und gegenlicht

vor dem absprung
ein unsichtbares orchester

———

schattenspiel
macht den mund
einseitig
andererseits
rote lippen
küsse ich
schon

———

in lichtspielhäusern
an samstagnachmittagen
wenn das wochenende
sich zu dehnen beginnt
schon
mit dem ersten bissen
popcorn
cola light
heruntergespülte
erwartung

———

ob er
aber nein
kein logenplatz
macht ja nichts
später
wird es überall dunkel sein
wenn ich will
...

———

langsam ...

auf der rampe steht
der einsame vampir
nosferatu
gleich
mit den ersten
strahlen der sonne
wird er sich
vergessen haben

–––

endlich

kommt licht
ins spiel
unter wasser
brodelt es
augen
verfolgen
wirbelnde kreise
kleine fontänen
weiten sich aus
sonnenkaskaden
wollen nicht enden
steigen hinauf
das fallen zu üben
wieder und
wieder von vorn

–––

gurgelnde bäche
die tonleitern üben
abends
wenn's keiner mehr hört
werden kieselsteine
getauscht
wandern
von hand zu hand
eine
wäscht die andere

———

reib mir die augen
tiefer zu sehen
in klängen zu wühlen
gefühle zu finden
sind kleine pünktchen
am himmel
erschienen
die werden größer
wenn ich es will
hör nur
die bäume
sie schlucken den regen
dass du sie siehst
...

———

wir, die wir
licht und klang erfahren
son et lumière
sehen
beleuchtete schlösser
lauschen
einer imaginären sinfonie
schatten
werfen die mauern von amboise
die geister
lieben die nacht

———

ein vorhang
schiebt
das dahinter
vor schweres grau
in ungenauen
spuren
liest
fantasie
schief
fallen kippen
aus blumenvasen
halten lippen
kleinste stummel
gefummel
beim drehen
ohne filter
bilder
schieben
die luft
zur seite
den nebel
anzuzünden

———

überlege mir
aus der spur zu gleiten
macht die sonne
sich rar
such ich mir
einen anderen zeitvertreib
mische wasser mit wein
trinke
bis der nacken mir steif wird
bis ich rausfalle aus der welt
bis die zunge lallt
dass ich fröhlich bin

———

den käfig nicht
voller
narren
das volk
auch
ohne sie
wie
eingesperrt

———

vergessliche engel
halten mich
für blind
ich seh es wohl
jeden abend
fehlen ein paar sterne

strom zu sparen
im auftrag des herrn
doch ich
kenne meine rechte

———

lichtgeißelchen
legen sich
auf die haut
ein feiner
scherbenregen

spöttisches
himmelsgelichter
feensichtige
versteh'n es zu tanzen
brummen dabei
wie die bienenvölker
auf der isola madre

———

edelweiß

steinige wiesen
aus der höhe betrachtet
reflektiertes
luftbläschenweiß
sterne
ruhen sich aus
von der nacht

———

anna grammatisch werdend
lispelte ich
elliptische
(womit ich keine göttin meinte)
(verlangte vielmehr das)
leichte pils
(machte mir gedanken zum)
elch seil tip
(beschwor die)
spechtlilie
(empfand folgendes als sehr beruhigend:)
pc heilt siel
(bevor ich mich dem)
lichtespiel
widmen konnte

———

unter sommersternen
lacht der wind
ein paar äpfel vom baum
in der ferne
macht sich die glocke bereit
für abendgeläut
höchste zeit
die nacht will keine fremden klänge
während das bächlein
leise plätschert
spielt der mond
mit fischen

———

hier und da
zwinkern die rollläden
licht ins zimmer
tags die sonne
nachts
kommt sie nicht mehr
zur geltung
da übernehmen
straßenlaternen
hinter halbgeschlossenen
rollläden
die
fantasie

wasserfarben (eike)

habe die wand nicht erfunden
die steht zwischen mir und mir
aber
jeder fetzen licht
enthält einen neuen zweifel

———

wo andere segel setzen
taumele ich

im nebel
von der sonne geblendet

nur wenn ich den sand spüre
zwischen den zehen
erfahre ich ein stück von mir

sand
der reibt
der beißt
der faucht
wie eine wilde katze

wenn sich steine
in meine fußsohle bohren

———

dass ich ungekünstelt sein muss

wenn ich nichts weiß
weiß ich es nicht

dass mir rosen gleichgültig sind
ohne grund

———

muss nichts bewegen
muss nichts bewegt werden
kann so bleiben
darf schweigen
mich einsichtig zeigen

———

später, mag sein
schlägt noch eine welle
an den strand

wenn zeit verstreicht

zeit
die keinen anlauf nahm
keinen anlauf
zu nehmen brauchte

———

steg und boot
boot und steg
landgesichter
im wasser
spiegelt sich
kinderlachen

———

stimmen
singen hören
vom wasser her
ein gänsezug

die inseln schweben

———

das wasser
träge wie öl

als ob es schwerer
als jeder gedanke wöge

tangstreifen
halten es an der kette

fest

der himmel
spielt seine geduld aus

die fahnen
bleiben an den masten kleben

———

weiß nicht
wo ich mich
hinschicken soll
noch
heute abend

kehren die fischerboote heim
lichtflecken bunt
am horizont

schmeckt die luft
nach fäulnis
und fischatem
stößt das meer
aus
stößt mich nicht
ab

———

immer noch neugierig
wie ein kind
schlag mir die knie wund
am holz
weil ich einen schatten
auftauchen sah
in der steinsenke

erkannte mich zu spät
als das blut zu rinnen begann

spürte den schmerz

———

in der nacht
trieb der wind
blitze über den sund

angerissen (lisi)

dass
dieses kleine blatt
kein zettel wird

mehr nicht

als ich endlich bemerkte

dass die variationen
wichtiger
wurden

als das leben selbst

ich mich dem spiegel
einprägen wollte
nach der zerrissenheit
mich wiederzufinden

erst dann

über einem gewirr
regnet es
nicht sauer
nur traurig

so schwer
den durchgang
zu finden

hinter der stirn
schweres
gewölk
blökende schafe
ziehen
hindurch
kann sie nicht zählen

alles
was fehlt
ist da

gemurmel
gekläffe

hört man in die nähe
verstummt manches
wird kleiner

wohin hat man es
verschwinden lassen
ich weiß es nicht

lang tanzt der sommer

zwischen den zeilen
ein grenzenloser himmel
dem die worte fehlen

man müsste ihm blumen
einpflanzen

streckt einer die hand aus
sein himmel ist hoch

ich solle doch springen
ruft er mir zu

auf den kopf gestellt (eike)

rudi dutschkes versuch
lenin auf die füße zu stellen

dann hat er
einen kopfstand gemacht
und sich selbst vergessen

———

brüderliche vereinigung im schlaf
kosmisches gelächter
rotkäppchensekt
für die brautleute

tage später
wurde der wolf entdeckt

———

das tier in meinem schädel
ein kleines wesen von graziler schönheit
ein kolibri

in der wüste verhungert es
in einer atempause der selbsterkenntnis

———

ich verkündige nichts
im gegenteil
wenn ich etwas zu verkünden fände
würde ich es ertränken
in einer flasche wein
etwas handfestem

———

es wandern die sklaven zum altar
mit dem leeren kelch
dem schwarzen stein der verdammnis

———

winde, die aus allen richtungen wehen
ghibli
chamsin
calima

sie lügen alle

———

wo denkst du hin?
was weiß denn ich?

tatsächlich
das denken entzieht sich unserer kontrolle
es denkt sich weg
stiehlt sich fort

———

seht! da ist der mensch

tatsächlich

———

zerkreuzt
zerschnitten
ganglos
alle wege

———

geteilte heldenhaftigkeit
gute hoffnung in der brusttasche
immer am rand der leere
wohin das auge sieht
dornen

schlafende hunde
hunde auf der jagd
heuschreckenplagen

gebündelte fraktur
beharrlichkeit

———

die beharrlichkeit physikalischer gesetze
oder was immer sich verkörpert findet

die kompassnadel unwandelbar nach norden
gerichtet

———

aber
was schenkt uns halt
parolen
tiefst empfundenen mitleides
aus mündern
die sich vor dem spiegel
an ausgedrückten zitronen übten

politik
oder:
das leben als steinigung

———

blechlawinen
die sich richtung meer bewegen
10 kilometer baustellen
1 kilometer freie fahrt
wie kann man eine maut verlangen
und dann solche zustände anbieten?

christlich-soziale planwirtschaft
demnächst
wird wieder latwerg aufs graubrot geschmiert

———

purgatorien

die armut dieses landes
lässt sich wegsperren
aussperren
lässt sie sich nicht

sie sitzt in allen köpfen
jeder mauerritze

———

wenn
du
dich
auf
den
kopf
stellst
sehe
ich

zwischen
deinen
beinen
den
wald
richtig
herum

bleibt die welt im lot

———

gedanken äußern, wenn es etwas zu veräußern gibt

paraphrasen

auf den mittellinien einer landstraße
entlangspazieren
einen ausflug mit dem tod wagen

an einen baum denken, der am ufer steht
wenn es still wird in mir

je tiefer ich grabe
umso wundersamer wird mir dieses tier

———

ich
ein kolibri
ich
ein bär

ein geräusch
das es nur im winter gibt

durchscheinend (lisi)

wir erkennen uns
im augenblick
da nichts ihn trübt
selbst die luft
ist ganz klar

kein
stiller schrei
der sich die angst
wegduckt

nicht von uns
ein überraschender geruch
ein weißer duft
hat sich verkleidet

weiß jemand bescheid
einer mit röntgenblick
vielleicht

dass der rote schlitten
seinen duft
in weißem schnee
verloren hat

sind fragmente
zu verstehen
von mir

die passen mir nicht
sagst du
ich weiß das

das ist der sinn
der lichtung
sie liegt unvermutet
wie damals

die schatten
fallen anders
das dachte ich mir
weil mein kopf
an deiner anderen schulter

dieses buch
ist mir leichter
geworden

der es schrieb
verstarb gestern
muss nichts
mehr hineinpacken
wenn ich es lese

bis dato
kannte ich ihn

bitteres gewölk (eike)

grodek, trauer und klage
für georg trakl

da war ein sommer, blutrot
keine ähren im feld
einzelne halme
beiseite geschlagen
eine andere ernte
wird eingefahren

———

düster ist es
im park
strauch und blatt
verschlossen
schwarzes lodern
in den zweigen

———

sonnenhaar
womit die kleinen toten spielen
rätselhaft
ist der wind
der über die teiche streicht

———

wo die alten weiden
stehen
zypressen
zitternd
überm grünblauen wasser
gebeugt
unter der last
verspäteter jahrhunderte

ihre brut behüten
in sarkophagen
aus erz und zinn

———

bleich
die blumen um mitternacht
zeigerlos

bleich und taub
nagen die maden
am wurzelstock

um mitternacht
ging das licht verloren

———

stein und marmor
von engeln gewürgt
die saßen
in den kapitellen

korinthische heerhaufen
schwarze demiurgen
häretiker im mönchsgewand

———

über knirschenden kies
eines wanderers schritte
silbernen schatten wirft
glöckchengebimmel

im hintergrund
aus der schwärze
aus den unendlichen schwärzen
galizischer ebenen

———

blutleer
aschfahl
entblößt ihrer gründe
wolkenstücke
haben nichts verloren
in dieser welt
keinen schlafplatz
kein totenacker

———

streifende sänger
tanzende bären
einst
schlugen in den
nachtdunklen wäldern
zigeuner
ihre zelte auf

schnaps
und inzest
und die unermessliche gnade
unserer mutter
gottes

———

wir sind verlassen

in diesen sommer
sind die trümmer
der dörfer gedrungen
sie haben ein ungeheuer erweckt
das nicht mehr ruhen will

———

spricht von blut
und hohlen träumen
dass hier die hölle sei
und des himmels eingang
verschlossen

———

gelbe sonne

aus wunden
blutend
vergeht das grün
welken die rosen
verbrannt sind korn
und acker
die hirten
davongezogen

———

wo schmetterlinge
sich zärtlichkeiten zuriefen

dass der tag
die nacht nicht sehe

bitteres gewölk
über den grüften

atemgrenze (lisi und eike)

hör nur hin
wenn ein vogel singt
weiß er
wovon er spricht

hör genau hin
wenn politiker reden
geht es
um krieg oder frieden

———

wo es leiser wird
sind keine
fragezeichen
gesetzt
setzen
fallböen ein
worauf der tod
schlitten fährt
dort geht es hinab

———

trauer anzunehmen
heißt
das nehme ich mit
das lasse ich zurück

in der hoffnung finden wir uns ein
berechnen die wegstrecke
legen das verkümmerte beiseite
nehmen uns ein versprechen ab

———

möchte den tag loben
einen vorgang
als vorgang bestätigen

wind
und wolken
und regen
aufzählen

wie reizbar
das schweigen eines rauchmelders

als ein kleines geheimnis
verschwand der nachmittag
in meiner jackentasche
fand sich ein hustenbonbon

passte sich ein ins bild
einer regsamkeit
des grases

———

etwas zu erfahren
das kein abwägen verlangt

ich sage: die liebe

dass wir gesehen werden
als etwas aufgehobenes

fülle begreifen
sein eigenes füllhorn sein
mit augenmaß

schenken zu können

über eine pfütze springen
setzt kindheit wach

kindlich zu sein in der liebe

und zu guter letzt
einen ort zu finden
der ohne verheißungen ist

darin zu leben

———

wir könnten
erdbeerkuchen essen
und die bäckerin loben
den garten durchstreifen
und die blumen auch
über den grünen klee

———

hielten wir
die erde für flach
wie wir es früher taten
säßen wir
in diesem kleinen tal
würden
die schafe hüten
und die flöte blasen

———

wir bleiben
den arkaden auf der spur
wo
esel angebunden stehen
der wein
aus schläuchen fließt
die nicht
von pirelli stammen

———

es fehlt nicht mehr
als ein paar wimpernschläge
bis ich am gatter stehe
das ein unsichtbares
fenster ist
weil die uhren
rückwärts laufen
wenn ich dahinter bin
werde ich es
niemals erreichen

———

das brachfeld, das
wüstengleiche
märchenhafte hügel
zauberwelt

wie du hineinkommst
kommst du nicht wieder hinaus

atmosphäre (eike)

atmosphäre -

was da ist
was sich aufgreifen
weiterleiten lässt
die eingestimmtheit
von ort
sinn und verwandlung

schönheit im kleinen
fluidum
wassertropfen
chlorellen protozoen
unter dem mikroskop
augenaufbereitet

im großen
eine satellitenaufnahmen
skagens gren
wo nord
und ostsee sich begegnen
ein ineinandergreifen
farbenspiel und farbensprache

eine strömung
in der luft
im wasser
eine bewegtheit
der strudel
zieht es ein

wahrnehmung
willkommen geheißen
oder abgelehnt
der erste eindruck zählt

in sekundenbruchteilen entscheiden

stein vogel und gehäuse
eine empfindung
ein gefühl
wohlbehagen

aus dem nichts

ist alles da
aufgetan
nimmt es seinen platz ein

in mir
in meinem rahmen
hier

wenn ich nicht
in diesem café säße -

wäre die atmosphäre eine andere
gäbe es keine magie
gäbe es keine leidenschaften
zu entwickeln
gedanken
aberwitzig
und surreal

quer und *queer*
gegenan
der norm
schlicht
und bewusst
und bestimmt

körper und präsenz
ich
hier drinnen
in mir
meiner werft
ich
stoff und haut und hülle
forme

zusammenklang

dann
gibt es geheimnisse
nicht
zu hinterfragen
zu erleben gibt es sie
das gilt es

wenn es im fluss ist
wenn sich ein klang einstellt
gegenpole sich
ohne gegensätze bilden
finden

stein und wasser zusammen

wenn ich jetzt einen schritt weitergehe
bin ich da

sinnverwobenes (lisi und eike)

verschwimmen -

sich verschwimmen, heißt, das ufer zu verlieren
uferlosigkeit lässt den blick trübe werden
jenseits der augengrenze wird es sich entscheiden
zurückzufinden oder ertrinken

am horizont locken neue weiten
sich in der welt verschwimmen
sich strecken
in hoffnungen kraulen
alles geht

verschwommener blick
zwischen den zeilen
lese ich deine gedanken auf

———

verdichten
in wenigen worten
verorten
dich
in meiner seele
mich
zu verdichten
dich

———

etwas in den wind schießen
sich um eine erfahrung bringen
einen hörsturz erleiden

ohne einen gewissen makel
bliebe am ende kein rest

und wer wollte dann
die maske des rächers überstreifen?

———

versteinern

er ist ja schon
der schöne stein
muss nicht
mehr überstehen
millionen jahre zeit
die vieles
mit sich bringt
dass ich ihn fühlen kann
den wärmespeicher
herzerweicher
wie er sich schmiegt
in meine hand
legt ihr ein ganzes land hinein
erzählt von roter erde
von tieren dort geboren
von wüstenfüchsen
mit großen ohren
skorpione
die niemals den stachel
verloren
das alles liegt in meiner hand
dass ich nicht auch versteinern muss
wüstenlieder
sonne
immer
wieder

———

wolkenkuckucksheim -
besichtigung jeden zweiten freitag im monat

———

die seele

wie ein segel
bauscht sie sich
spielt mit dem wind
der sturm
wird
oft zu stark
zur not
duckt sie sich
flach
als riefe sie
die tiefe
orkanen gleich
ihr auge
mit wolkenwänden
tränenregen
ohne ende
sehnsucht
nach der leichtigkeit
die frieden bringt
die sterne
überm fluss
ein kuss
der mond
wie wunderbar
ist alles klar
was eben noch
verschwommen

tanzt
wie benommen
voller glück
ihr
zukunftsblick

———

so ein gedanke -
dass sich gedanken nicht festhalten lassen
doch weiterdenken

zwischen die zähne nehmen
und gründlich kauen
mindestens dreißigmal
hat mein großvater mir geraten

dass es lichtzeiger gibt
die wie straßenschilder sind
nur unsichtbar

———

dreimal das große los gezogen.
dreimal gesprochen ist wahr.
wo steht es geschrieben?
der bellman hat es gesagt.
just a place for a snark!

———

ist eine fata morgana

weht ein schwacher wind
ins land
legt ein zittern
in die bäume
träume finden
gletscherblaues eis
letzter rauch
aus den moränen
findlinge
begraben tränen
die wie flüssige kristalle
tröpfchen texturieren
schlieren binden
schwarze bänder
die verändern meine sicht
hitzeflimmern
in der luft
fahren geisterschiffe

———

geringste spuren -
im wasser eine trübung
gelber schaum am strand
einer qualle
aborales gewebe
überbleibsel
einer landung

lost
and
found

———

keine leichte aufgabe -
zum kern vorzudringen

wuchert das gestrüpp
locken sonnenstände

wo den mittelpunkt finden
frage ich mich

———

rattenfänger

unruhige schatten
werfen sich vorwürfe zu
verkrampfte gedanken
aus allen richtungen
fallen sie
wie kinder
in den brunnen
dass darin eine sage wird
alte geschichten auszugraben
sind sie gekommen

———

du musst den dingen auf den grund gehen
sagte ich mir
dass auf dem mittelstreifen
der vierspurigen straße nur gräser wachsen
die wachsen üppig und ungestüm

weil das leben sich platz schafft
dort
wo die sonne die wolken bescheint
platzt es aus allen nähten

———

ein moment der aufflackert
wieder zusammenbricht
als sei er nicht gewesen
ohne flügel für den freien fall
der tag vor dem längsten tag
der stachel der sich tiefer treibt
sich nicht die hand reichen lässt
ohne sprache die worte nicht findet
die angst vor sich selbst
das eigene versagen wiegt schwer
es lässt sich nicht wegträumen
weil der schlaf chancenlos bleibt
die trauer zu tief ist
etwas dagegenzusetzen
ferne dem wald
durch dessen bäume das licht
seinen weg nimmt
unbeirrt die sonne
die keine zeilen braucht
dazwischen zu stehen

———

irrtum ausgeschlossen!
heißt es hoffnungsfroh optimistisch

irrt, wer ausgeschlossen ist
wer im unbekannten sitzt
niemals dort gewesen ist
wo der irrtum ausgeschlossen

———

hinter der mauer könnte ein neuer anfang liegen.
ich bräuchte nur jemanden, der mir die
räuberleiter hielte.

———

fühlt sich wellenhaft
erschrocken etwas   so unverstanden
mit abgewinkelter hand nach
rückwärts die adern   beulen
sich nicht
passen daumen und
mittelfinger handgelenkumgreifbar
ja   dass es   noch geht
unbewegt das gesicht
nichts was falten   erzeugt
emotionen
locker lassen   ein entspannungsversuch
vorwärts kippt sich
das kinn
im offenem mund
die starre

———

plutôt la vie
gerne mal das leben probieren
mit besenginster und reisig
wenn die blechbüchsen scheppern
schon mal
das leben riskieren
an allen ecken
schart sich das gemüse
stecken die spargel
die köpfe zusammen

wenn die stare den himmel verdunkeln
schwarze sonne

———

den eigenen finger sich
in die wunde gelegt
blut tropft aus jungem herzen
der asphalt macht
schmerz unauffällig
autoreifen schleifen ihn ab
kinderwagen und schlurfende schritte
deine weichheit verwandelt
keine steinernen herzen
unbeirrt dein ich
berühren
macht sich in mir laut

———

ununterbrochen wolken vor sich herzuschieben -
irgendwann platzt der traum

———

es sind positionen des glücks
wenn ich an einer ampel stehe
wenn ich an die liebe denke

etwas dramatischeres als die liebe gibt es nicht
alles andere
ist der tod
und grün heißt gehen

———

die neuen schatten
größer
neben mir

vermischt jemand
die wirklichkeit
mit sich
wem soll ich glauben
blaue augen lügen nicht
sagt er
als ich ihn
betrachte

———

wildwuchernd -
es gibt solche tage
die sind wild und frei
freiwild
nicht den jägern
den gejagten
wildwuchernder untergrund
die jäger
bleiben in den sümpfen stecken

———

der leere himmel taubstumm
wohin mit den bittenden gesten
deiner hände
in den schacht des brunnens
fallen blicke tiefer als sonst
am grund liegt nichts
was aufzuheben sich lohnt
alte wünsche
die um erfüllung bitten
der traum hat sich erledigt
zurückgeblieben ein boden
mit fadenwürmern
nematodenmuster schreiben
sich weiter fort

heißer dampf bleibt aus
das überleben ist gesichert

———

alles was er sagte
durchgestrichen
zum kreuz
unmöglich
seine worte neu
zusammenzusetzen
fremde wege
nahm ich
nicht zu widerlegen
spreche ich
mich
wie nie zuvor

———

weil es doch in der ferne liegt
und bleibt es noch
und ist es doch
auch und immer
du weißt
wenn sich gedanken
dermaßen verknoten
dann
können gefühle
zu wanderern werden
die brechen auf
in der nacht
ohne besinnen

und glücklich der tag
an dem schreiten sie fort

———

kollateralschaden -
wenn du zum nordpol segeln kannst
so nebenbei
und in der antarktis die farne wuchern
wie auf pangaea
einst

———

zwischendurch
klingelt das telefon
enttäuscht
legt sie den kamm zur seite

———

bis in die mitte des sprechens
eine pause fiel
als er das bemerkte
nahm er sich die zeit
und stieß mit ihr an
solche tricks
hatte er nicht nötig

rien ne vient de rien (lisi und eike)

draußen hängt der tag
auf schiefen jalousienblättern
vater-pacini im streit mit krause
welche körperchen reaktionsschneller sind
lamellen tragen staub trotz wind
kein wunder
lemaîtres kosmisches ei ist geplatzt

———

ich hätte es mir denken können
es hat etwas
mit den vertrockneten
geranien zu tun
die hat man einfach
auf den bahndamm geworfen

es gab ein vorher
jetzt ist hinterher

———

dass
es nicht sein kann
sagst du
als du es siehst

———

dieser da
sagte das schicksal
soll einen weg finden
der keinen anfang nahm

was keinen anfang hat
kann dennoch ein ende nehmen

———

ein ende ist nicht abzusehen
sagte jener
als man ihn fragte
wohin sein weg ihn führt

nahm die vorhandenen
jahresringe
mit ihnen
seinen weg rückwärts
zu gehen
dem anfang
entgegen

er ist immer da

———

wo ist sie hin
fragte er
und schaute
noch einmal zurück

———

die zeit lachte
er hatte ihre umstellung
nicht bemerkt

———

nichts
kommt
von nichts
kommt
nichts
in teufels küche

rien ne vient
pas de vent

———

wo bleiben
meine rufe
wenn sie ungehört
verhallen

ob es sterne gibt
die sie bergen
?

———

haha
lachte der teufel
die zeit hat nicht bedacht
dass man das ende
noch vom anfang her betrachten kann

da zupft ihn sein schatten am kragen

———

das unkraut wächst
meinem versprechen entgegen
dafür zu sorgen
dass es nicht
so weitergeht

———

wenn das nichts
aus dem nichts kommt
einfach so
ohne sich vorzustellen
dass das nichts
aus dem nichts kommt
existiert
wage ich zu bezweifeln
dass da nichts ist
aus dem nichts
zu entstehen

———

einfach zu verstehen
dass die katze
auf den baum kletterte
zu sehen
was da so blitzt in der sonne

die streckt ihre heiße zunge
schlürft das wasser
vom see

———

kehrst du zurück
von den höhen des himmels
geh hinein
in das irdische leben
zu überprüfen
ob es sich lohnt
neue hoffnung
zu schöpfen
weil du ja weißt

———

wer kennt sie nicht
die gewissheit bleierner nachmittage
keiner gebärden fähig
zweiundzwanzig jahre im altersheim
sagt die frau
ist eine lange zeit
ich reiche ihr mein feuerzeug
das sie bedeckt mit händen
die ohne altersflecke sind
wir rauchen
schweigen

———

während du schläfst

fällt ein junger vogel
aus seinem nest
in glühende augen
der katze
leise
nimmt sie ihm
sein zittern

———

schaukelnde sonnensegel
die wind einstreichen
wie in einer zeitmaschine
rast der zeiger durch die jahrhunderte
bedeckt sich der himmel
mit versprechungen
sitzen vögel auf den gartenstühlen
stellen sich als blechspielzeug heraus
lautsprecher hängen in den zweigen

———

dass ein bunter vogel
wasser trinkt
darin sterne untergingen
ohne mond
schwer zu sehen
die traurigkeit
im fall
des letzten blattes

———

jemand der jemand anderes ist
siehst du
im traum seh ich jemanden so
im leben seh ich jemanden nie

daher könnte es sein
dass jemand jemand anderes ist
wie auch jemand anderes
jemand ist

———

es geschieht nicht viel

sofern sich nicht
jemand in die luft sprengt
neben dir
kommt der nächste urlaub
bestimmt
gibt es kinder und scheidungsanwälte
alte ehepaare
die am ende ihres lebens
wie verstockte bäume am wegrand stehen
die räumt man beiseite
wenn der flughafen wächst

———

es ist bis ins kleinste detail vorbereitet
an alles hat er gedacht
die kamera wurde an einem stativ befestigt
die wand auf ihre festigkeit
untersucht

mit dem kopf
durch die wand
geht

sagt er

richtet die kamera aus
die szene festzuhalten

im entscheidenden augenblick
versagt die kamerabatterie

für einen neuen versuch
steht er nicht mehr
zur verfügung

der zukünftige sponsor
einer bekannten firma
die zuverlässige batterien herstellt
zieht unverrichteter dinge von dannen

der tote ist nicht das problem
das entscheidende bild fehlt

die moral von der geschicht
kauf noname batterien

———

ein ende den blasphemien!
beschwört der teufel
die aktionärsversammlung

er würde gerne
ein stück des himmels pachten
expansion ist geplant
synergien angedacht

———

mein besonderer stein

wieder und wieder
deine vertiefungen
mit meinen fingern
erkunden
stundenlang
dir zuzuhören
wenn du von heilenden
kräften sprichst
aus deinen poren
dringt warmer strom
inspirierende wellen
weiten gefühle
nachts
wenn du mir
aus den händen gleitest
bleibt meiner seele
das streicheln
deiner magie

———

von dieser stelle aus
sagte sie
(die pressesprecherin des dudens)
gibt es einen räumlichen ausgangspunkt
gibt es einen zeitlichen ausgangspunkt
gilt es den vorgang, oder zugang
dieser sache, dieser angelegenheit
in bestimmten verwendungen
in höchstem maße
oder gerade so gut, wie es eben geht
in betracht zu ziehen

außer betracht zu lassen
nach einer verneinten
oder einschränkenden aussage
im äußersten falle
nicht mehr
draußen
in der näheren umgebung
hineinzuschaffen

———

ich fasste die erde an
versuchte den himmel
zu berühren
nichts weiter
hatte ich zu tun
auf der wiese liegen
sich eine tür vorstellen
zu einer wohnung
die es nicht gab
es hat mich nicht gestört
ich versuchte den himmel
zu berühren
fasste die erde an
hing zwischen himmel und erde
verlor den boden unter den füßen
je näher ich dem himmel war
ihn zu berühren

———

vielleicht werde ich fliegen
wenn ich springe -

wie der nacken eines reihers
im frühen licht des morgens glänzt

bin ich das nicht
sind es nicht meine flügel, die sich strecken?

und nun springe ich

———

man ist nicht sein traum
sondern seine geschichte
wie ein
hans-guck-in-die-luft
beim blick
auf den bussard
wie er zu
boden fällt
…

———

wenn deinen mund
ich vor mir sehe
spitzen sich
meine lippen

———

ein nichts-als
ein um-zu
wie es sich findet
nach draußen
flehen die worte

———

orientierungslos (lisi und eike)

freie sicht
keine begrenzung
wo ist mein ziel
woran mich festhalten
im kreis
mich drehen?

———

manche tage geben klein bei
laden sich wolken auf
wie einen koffer voller gesangbücher
schlurfen einher
als ob sie menschen wären
denen das dasein zittrige hände macht

———

wie eine ikone
lag sie da
jemand kam
sie aufzuheben
wusste aber nichts
anzufangen mit ihr
im album mit den heiligenbildchen
war sie
fehl am platz

———

stratus-cumulus
die gewaltsam aufgetürmten
nimbus
das dichte gewölk
worin die götter sich hüllen
droht ihnen ein zacken
aus der krone zu fallen

———

nun ist alles erledigt
das bier steht bereit, der korn
auf dem infrarot
blinkt die anzeige: aufnahme
er kratzt sich am hals
irgendwas stimmt nicht

———

vom dach herunter
über die scheiben
gelaufen
macht sich nicht gut
die nobelkarosse
passend
das neue jahr
verschläft sich
der feuer-hahn kräht
vergnügt

———

also, ich hab den wasserwerfer nicht bestellt
nein, ich kann mich wirklich nicht entsinnen
und dann standen sogar drei vor der tür

ob man die im fundbüro abgeben sollte?

———

wenn am abend
die reden am tisch
hinfälliger
werden
dazwischen
sich worte nicht
buchstabieren lassen
weil gedanken sich
versprechen
die luft voller
wirbelschleppen
nur bruchlandungen zulässt
die sonne
alle spuren unsichtbar macht
für eine weile
hinter dem horizont
wie fremd

———

streicht der wind
über den sand
ragen dünen
hoch hinauf
die vergangenheit
wird wach
stellt ihr schweigen ein

liegen muster
dicht verstrickt
die ich vorher
nie gesehen
blaue fäden
ziehen sich
durch ein wolkengrau
überall ist horizont
der die zeit
gewähren lässt
diese sehnsucht
zu begreifen
wenn ich mich
verloren habe
in den weiten
dieser welt
ruft die seele
einen namen

———

der mensch an der grenze
ruft
das tier, das leben
dunkler
die tiefen des waldes
und der schnee
tiefer noch
hechelnd
blutrot
klopfen wir dem tier den rücken
bläst der wind aus nordost

———

als sie den wind sah
der alte zeiten
beleben konnte
weil ihm zum spielen
das neue fehlte
bückte sie sich
mit verweinten augen
hob auf
was aus der hand
gefallen war
und strich das wort
'vielleicht'
aus dem vokabular
sie hatte keine wahl

———

transfiguration

vor der buchsbaumhecke
wird der nachmittag undurchsichtig
wenn der mensch einsamkeit verspürt
wie der vogel im käfig
zu singen beginnt
bis der letzte dorn
das herz durchdringt

———

endlich
unendlich
und endlich
vorbei

du wirst mir doch nicht erzählen wollen ...

ich habe keine ahnung
es klingt aber gut
findest du nicht auch?

———

irgendjemand
redet von einer
grenzüberschreitung
kein wunder
dem asphalt
fehlt die weiße linie

———

dann steck mich doch
in die tasche
meinte sie
als er zu murren begann
weil sie ihm
auf der tasche lag

———

traurig

fällt
die träne
auf
ihren schoß
pardon
in
muss es heißen

fällt
die träne
in
ihren schoß
rollt sie herunter
bloß
weil sie
nicht haften kann
sie hat nämlich
nichts
an

———

welches ist mein linkes auge, wenn ich in den
spiegel blicke?

der, den ich sehe
bin nicht ich
ich habe eine andere auffassung

die sinnesdaten stimmen nicht überein
ich bin nicht
ich nehme mich wahr

ich werde mich beiseite schaffen
wenn die sonne es gut mit mir meint
bliebe ich als baum erhalten
ich wäre schon zufrieden als wurzel

———

autobahn

graue planken
aggressionen
ein rinnsal blut
schenkt sich dem tod
dass er sein schwarz
in szene setzen kann
so heavy metal like
vielleicht
wenn mitten in der show
der satan
mit dem brandsatz
in der hand
und irgendjemand ruft
das ist kein spiel

———

das fenster, an dem ich vorübergehe
die eingetrocknete topfpflanze
darüber ein goldener weihnachtsstern

die pendeluhr schweigt
ein geschnitztes reh neigt sich zum äsen
die nachgedunkelte fotografie einer
hochzeitsgesellschaft

ein fliegenschwarm steigt unter die decke auf
was da liegt, könnte einmal jemand gewesen sein

———

leere felder
ein leichter wind
sucht vergeblich
den sommer auf ihnen
ich befrage
mein herz

———

warum muss diese wand weiß sein?
alle anderen auch.
dass man den himmel darüber vergisst.
weil ich nicht weiß, darauf zu gehen.
da ist keine dämmerung. da sind keine schatten.
ich werde versuchen, nichts zu denken.
dem weiß gerecht zu werden.
stunden später. ohne licht. endlich eine
gemütsbewegung.
eine trommel ohne fell.
sämtliche klänge verstümmelt.
wie unsinnig diese weiße wand.
doch dann.
sehe ich sie. gräber mit schwebebahnen darüber.
aus ihnen fällt es. bomben.
was erwarte ich? wer ist der feind?
der tod hat längst geschieden. fehlgeleitet.
lächerlich.
digitale gräber. die lösung.
weiße wände.
müssen.
rauschen.

———

eine vogeltränke, aus ton gebrannt.
am rand sitzen kleine tönerne vögel, plumpe
gestalten.
eine kinderarbeit, gut gemeint.
nur - wo sollen die richtigen vögel denn platz
finden?
solche wie ich.

———

du fehlst

der gerade weg
vor
dem verstörten
dahinter

das schild
an der haustür
ohne
wahrheit
die gegenwart
sucht
sich
vergeblich
darin

———

nachts
wache ich auf
weil das wasser phosphoresziert
strampele
mit armen und beinen
will nur hinauf hinauf
zum mond will ich fliegen

fischlein am haken

———

es begann mit der offenbarung
dass es nicht mehr
das kopfschütteln setzte ein
ihr verschlug es die sprache
der fensterblick ohne belang
auch er war längst woanders
sie hört das husten des nachbarn
durch die hellhörigen wände
dissonanzen die nach kadenzen
verlangen
umsonst alle mühe
es gibt keine auflösung
nur progression

———

nicht wie gestern
sondern heute als schwalbe
denn ich bin nicht wie sie
sondern eher die dunklere
mit diesen farben
die du nicht so magst
denn ich wechsele ständig
als läge das glück
nicht neben mir

———

dauerregen
die ganze nacht
sehr dicht
sehr gleichmäßig

in meinem traum
tauchte das wort
blaupause
auf

die idee eines toasters
oder eierkochers
nehme ich an

———

es kam einmal ein licht über den see mich
angeflogen
ein kleines körnchen licht

es saßen einmal wichtel auf den zinnen
die rieben ihre bäuchlein mit sonnenschein

um keinen preis wollte ich leiser werden
rief ich laut:
hau nochmal drauf, du blinde kuh

———

komme
von überall
hierher
wie ein nomade
der die güter tauscht
und eine weile sesshaft wird
die unrast haust in meiner brust
die angst
es könne schon zu spät und
dass die welt
zerbricht
eh' ich verstehe
was sie will und
ob ich wirklich so
allein
warum
ich bin

———

wie bestellt und nicht abgeholt
so ein traum
und dann sagte der zöllner:
erstmal zurück
und hinter der grenze
nach vokabeln suchen

———

windrose

die vielen mäntelchen im wind
haben seine richtung verfälscht
die windrose ist traurig
nun weiß sie nicht mehr
woher der wind weht

———

prozess | 4d

umdrehen
entgegen
der zeit
die uns
geformt
wie im kaleidoskop
fallen wir uns
ins leere

———

ich finde mich
nicht wiedergegeben
im strom der zeit
aufgelassen
auf einer insel
im kiesbett
schmecke morchel
in ölhaut
klumpen teer

———

ortsansässig (lisi)

leise ist noch
alles in mir
voller zärtlichkeit
nachtlibellen glitzern
daunenweich geträumt
federfühlig
flügelsurren
leicht leicht
dass ich das fenster öffne
heraus
zu schweben
mich in mich
eingeschlossen
ganz leise
spreche ich nicht

———

wird langsam glaubhaft
die landschaft auf dem bild
mit den blühenden bäumen
oben ist vogelflug
unter ihm spaziergänger
denen die redewendungen
ausgegangen sind
schweigsam das haus
mit den offenen fenstern
kein windzug
der gardinen bewegt
wem gehören die tauben auf dem dach
ob in dem haus wohl ein sofa steht?

———

der anruf vorhin
der gestrige abend
die frage
nach dem zufall
eher allgemein

später werde ich es
überdenken
wegwischen
wenn es sein muss
es kann auch
stehenbleiben
mehr aus rücksicht
auf dich
verlegenheit

ich war längst weiter
in meinem gedächtnis
über die annahme hinaus
dass es niedagewesenes gibt
wie es mir mit schönberg ging
der die nacht verklärte

alles ist schon gewesen
dass wir verstehen können

———

mit dir
in der nacht
gegen das dunkel
tanzen die sterne an

———

nichts als weiße nächte
sage ich
vorwurfsvoll
fehlgedeutetes
leuchten am firmament
ich kann mich nicht mehr erinnern
eingeschlafen zu sein
im horizont
stecken boote fest
der gletscher
hat den himmel vereist
weißer atem steht mir
vor dem mund

———

wenn es doch
sein könnte
warum ist es
nicht so
die welt wäre
weiterhin schön
mit ihren
blühenden paradiesen
mitten im maisfeld
ein irrgarten

———

ich möchte
das wichtige
in steine
meißeln
dass es
die ewigkeit
berührt

———

nachzusehen was aus der mitgift wurde
schweben die seelen der ahnen über uns
dass wir nicht entkommen können
unserer erbschuld
ich denke mich weit zurück
sehe ihn
der von einer dummheit sprach
die er gemacht
seit heute mit anderen augen
seine sind braun
unten links von mir aus gesehen
springen kleine funken heraus
nicht nahe genug mich zu verbrennen
ob er liebe meinte
weiß ich nicht

———

keine einzelwolken am himmel
zusammenhängende geschichten
unter verblühenden bäumen
eine handvoll wortgemenge
rutschig geworden untergekehrtes
aus schlüpfrigen zeiten
in windeseile luftschlösser
gebaut in fremden gärten
ohne mond war nur ahnung
im diarium eine gepresste blume
zwischen den seiten regenfäden
aus zerfransten wollresten
fallen stirnbänder über die augen

———

meine reise im anblick
ruhender schienen
gestapelte stunden
durchfahrener nächte
rotwein getrunken
ich wollte so gern
nach paris mit dir
unsre träume
ins antlitz
des mondes tauchen
frühroter morgen
auf abstellgleisen
hüpfende amseln
queren den weg
blättern das laub
auf rostigem eisen
wispern sich töne
perforieren die haut
dass du einschweben kannst
wie die silbrige sonne
sinkst du in mich

———

es ist die stille
sie hört zu
wenn wir uns nichts
zu sagen haben
ist wie
ein satz
der uns berührt
weil er
das andre spricht

———

alles ringsum zerbrach
wir schienen unerschütterlich
in unseren räumen
waren grüne wiesen
voller hoffnungen
nichts zwischen uns
als leichtigkeit die sich
so nach und nach
in steine packte
als wir genauer hinsahen
waren da schatten
die niemand passten

ortsansässig (eike)

bin in meinem zuhause bewandert
kenne die schatten an decken und wänden
verstehe, wie ich die sonne zu empfangen habe,
den regen
höre unterm dach den herbstwind wühlen
sehe die schneeflocken am fenster vorübertreiben

auch das draußen kenne ich gut genug, weiß
woher der reiher eingeflogen kommt
zu nachbars teich

habe mich eingeflochten in gewohnheiten

———

gewohnheiten

silberhaarig und bedächtig
wiegen sich im schaukelstuhl am ofen
schmecken nach zimtsternen und lebkuchen
duften wie ein winterpunsch
wenn die tage sich verstecken

———

schleichen erinnerungen ums haus

———

es gab eine zeit, da ich mich verloren glaubte
verzweiflung an mir fraß, mich zu verschlingen
drohte
sehr real und unmetaphorisch trocken
wie das leben es gerne haben mag

da versuchte ich gegenzuhalten
habe wie ein holzwurm gebohrt
doch dann
ist es doch wohl eher das glück gewesen
das mich wiederfand
an meinem eigenen ort
der ich bin
der ich zu werden begann
erneut

———

erneuerung

selbst in tagen, die alt und grau dahergehen
mit wolken, die so schwer sind
dass sie sich auf deinen schultern abladen wollen
es ist eine unheilbare krankheit
der glaube an den silberfaden

wenn du daran ziehst, ertönt ein heller glockenton

———

schiefmaulig
mit der zunge über die oberlippe streifend
misstrauisch wahrgenommen

———

hält sich der alte schnee von gestern
niemals lang genug
um zu begreifen
dass ein sommer kommt

doch du

———

ich
weiß das wohl

———

hör dein flügelsurren
leicht
dass ich alle fenster öffne
damit du verschweben kannst
in der ferne
spür ich deine atemzüge noch
sprech ich mir
leise

du

———

bist an deinem ort

———

und dann begeben wir uns auf die reise
um einen dritten zu finden

es könnte die kindheit sein
an einem septembermorgen
wenn alle wolken losgezogen sind
und wir strampeln ihnen hinterher auf unseren
rädern
um sie einzuholen, zu überholen

wir könnten uns auf einem schiff begegnen
der mond wäre eben aufgegangen
die sterne spiegelten sich im meer

wie die lichter der straßenlaternen in regenpfützen
in london, oder in paris

———

es gibt kein beheimatetsein
von dauer
unabänderlich
wie die schwalben in den süden fliegen
sind menschenwege unbestimmt
schicksalsflattrig wie ein großer weißer vogel
dessen verrückten kapriolen
über zerklüfteten felsgipfeln

———

es geschieht
es könnte deiner fantasie nachgebildet sein

es gibt wünsche
gewissheiten gibt es keine

———

so alt ich werde
nach meinem maß und meinem verstehen
suche ich den herbst in den gräsern
lippen, warm und rot
möwen, die am ufer warten
kinder mit aufgeschlagenen knien zu trösten
menschen, die in allen sprachen reden
einen himmel von licht
über einer erde von ockertönen
musik
und ein lächeln, zuletzt
ob das vermessen wäre?

aus der luft gegriffen (lisi und eike)

das sind sachen wie kaugummipapier
diese wrigleys-streifen
(schön, dass es die immer noch gibt)

man kann auch mondnächte
aus der luft greifen
nicht den mond
(der rührt sich kein stück)
doch die sache an sich

das ding an sich
das wissen darum
liebesseufzer
betrunkene, die sich an der tanke
den rest geben
(aber sicher doch)
das gehört alles dazu

im zählen
und wiederzählen
und aufzählen

ausschweifend werden

———

streuselkuchen essen
die fahrt dauert lang

aber natürlich gibt es keinen streuselkuchen

es gibt wolfgang hildesheimer
der an die traurigkeit flandrischer kinder erinnert

ich denke mir die bilder dazu
kalvarienberge

aber dann doch:
tulpenfelder

———

die sich finden werden

das tropifrutti
das unter den autositz rollte
wie die kleine raupe
die ich von meinem hemd streifte

nun wird aus ihr wohl
eine mangomotte werden
ein kiwifalter
gar
ein bananenadmiral

———

wenn gedanken zu fuß gehen
werden sie langsamer
sie müssen ja nicht über die autobahn rasen

schöner wäre es doch
eine ausfahrt zu nehmen
die einen hübschen namen trägt
jardelund zum beispiel

womöglich ließe sich
ein kornlabyrinth finden
darin könnte man sich verirren
bis einen der mond überfällt

———

immer dasselbe

weißt du noch?
ja.
es gab einen großen mond am abend.
und am morgen war er fort.
da haben wir uns verwundert.
und im kreis gedreht.
da war er immer noch fort.
aber es war morgen.
ja.
so ein morgen war das.

———

natürlich
gibt es sterne
die sprechen können
ich antworte ihnen
seit vielen jahren
und erst der mond
ständig ist er
bei mir zu gast
zum dank
scheint er
ins zimmer

———

bewegung: gegenläufig
untersuchungen über sex
auf achterbahnen
und in speisesälen
auf den dächern
glitzernde regentropfen

wenn sich die wolken heben
treffen gesichter ein
warten

———

es war dann doch kein platz
für autos
ich hatte mich geirrt
es war ein platz
der leer blieb
irgendjemand
hatte ein fragezeichen
mit kreide
auf den boden gemalt
das der regen
versuchte
zu retuschieren

———

alice
felix
und ein hundestern
der leibhaftig aufwuchs
unter den tannen

jede antwort
käme einer verballhornung* gleich

* johann ballhorn (1530-1603), buchdrucker zu
lübeck
der dem hahn die eier unterlegte

———

es ist dunkel geworden
ohne den flötenspieler
das leere beet
ringsum azaleen
vereinzelte blüten
dunkel gespitzt
die luft weiß nicht zu atmen
das klagen des schilfes
ist verstummt
der wind bläst
nicht mehr hinein
ein schamane erklärt
die anderwelt
von ferne
die klänge der lyra
aus dem okeanus
taucht selene auf
könig midas
an den ohren
zu ziehen

———

den alten pappkarton geöffnet
da bin ich schon lange nicht mehr dran gewesen
was ist denn drin?
alte postkarten, fotografien
ich, auf einem dromedar
auf dem weg zum berg sinai
an das dromedar kann ich mich noch gut erinnern
ein sehr eigenwilliges tier
das blieb an jedem kapernbusch stehen
abends, unterm sternenzelt
hab ich ihm von immanuel kant erzählt
dem mann, der die königsberger klopse erfand
das hat das dromedar sehr interessiert

———

in allen ecken schlaf
die stadt reibt sich
verstohlen ihre augen
die eingangsschilder
tragen neue graffitis
die kilometer bis zum zentrum
haben zugenommen
die neun entstand aus einer
zugemalten drei
zwei frühe tauben
scheinen desinteressiert
aus zahlen werden sie nicht schlau
die scheuche tut
was sie noch nie getan
sie fühlt sich selber auf den zahn
ob sie noch richtig ist

so ganz verrückt steht sie
hält ihren besen
in die luft wie ein gewehr
ist ganz schön schwer
die krähen auf dem feld
nicht zu erschießen

———

verloren in einer ferne
hinter der blauen membrane
hat der himmel
mich fallen lassen
auf ein schiff
das seinen hafen
sucht
rote lichter vor augen
die zugbrücke
hebt sich nicht
wenn ich mich umdrehe
streicht die sehnsucht
sich aus

———

wie einer, der sich zum wachbleiben zwingt
zu viel ohne oder vor und zurück
was so ein menschenleben doch festgezurrt sein
kann
mitunter
träume ich
bevor der tag anbricht

———

als sei sie
in der lage
über die zeit
zu verfügen
schrieb sie
fortsetzungsromane

———

die frau, die gestern
davongeflogen ist

heute kamen ihre schuhe zurück

———

schauspielerin

längst hatte sie den geist verloren
der früher sehr beschwingt
bedingt durch moritaten
nahm er reißaus
und den applaus ganz einfach mit

im yoga sitz sinnt sie auf rat
legt auf die stirn kompressen
zu glätten das was kraus
mit einer großen pose dann
zieht sie sich langsam aus

———

schmelzwassersiedepunkte
perlen aus der tiefkühltruhe
kilometerlange schlangen vor dem supermarkt
schusswechsel
umsäumt von götterdämmerungen

zwischenzeitlich wird götterspeise gereicht
während der filialleiter händeringend
auf den transporter wartet
der die friedhofskränze liefert

———

ZERO

licht
sprache
im raum
schwarz
und motettenhaft
weiß

NICHTS

wird versteckt
keine wahrnehmung
verbogen

———

ich dachte
an diesem regnerischen morgen
den hintergrund
vordergründig
parlando
treffsicher
von satie bis moondog
verfangene kletten
in zögerlichen augen
fühlst du das ziehen
dann so

———

aufgewacht
vom geklappere der stricknadeln
einkalkuliertes einlaufen
strickt socken viel zu groß
ich mag diese geringelten nicht
diese schlechte-gewissen-macher
'was deine mutter alles für dich tut'
wird mitgestrickt vom nadelspiel
fünf sind es
hauen mir die liebe um die ohren
die ich nicht will
ich ziehe eine nadel heraus
die liebe
schlingern zu sehen

———

ich regiere mich fort
wandere aus an den fluss
setz mir eine schiffermütze auf
dirigiere die kanuflotten
fang mir einen sonnenstich
sehe den weißen wal blasen
weiß, was die stunde geschlagen hat

———

lakritzschnecken abrollen
luftschlangen durch die gegend pusten
affen von den palmen schaukeln
die es gar nicht gibt
(was ein segen)
aber kokosnüsse
die so alt sind
wie des kaisers bart
igitt!!!
schmecken wie glückskekse
so fad
aber die sprüche

404 - not found

was soll das denn jetzt heißen?

———

alles verdreht
die nacht
weiß sich nicht
hälftig aufzuteilen
punkt c
hängt im kopfstand
zur hypotenuse

wie tannen auf dem kopf
ohne thc
kein rauschen
der prüfende blick
des präparators
das filmblut hat
sich dünn gemacht
der mann
mit der schwarzen kapuze
behauptet
anhänger des ku-klux-kan
zu sein
es gibt keine
festgelegten metaphern!

———

dachte vorübergehend
an nichts nutze
nesthocker verrenkte bücher
schmökern verhökerungsweise leise
meisenknödel im baum traumata
spinnen trensengepferdete mäuler
bazillen wollen zu willen
mich locken so flockig geleichtes
so seichtes so seicht seichte
leichte seichtleichen
leere nacktschnecken
leere leichen leere

totensonntag (lisi)

übermalt von blauem himmel

als die kälte ihr in den leib kriecht
die steifen hände in den kitteltaschen
zwischen aufgesammelten kippen

hilfe ruft sie
gegen den himmel

immer wieder
hilfe

später fand man
die patchworktasche
mit ausländischen zeitungen

wenn sie dafür noch geld hatte
las man in leserbriefen

[Anmerkung der Polizei: Alkohol oder andere
Drogen wurden nicht gefunden.
Und, dass sie stadtbekannt gewesen sei]

die Autoren

Lisi Schuur: Aufgewachsen in der Kanalstadt Datteln/Westfalen. Während meiner Schulzeit in Kaiserswerth war der Rhein mein Beobachter und Versteher. Meine erste Zigarette blieb unser Geheimnis. Irgendwann schaufelte sich doch ein Fünkchen Verstand den Weg aus dem Knäuel versponnener Gedanken. Aus zwei Menschen und ihrem Sohn wurde eine Familie, der drei längst erwachsene, wunderbare Enkelkinder angehören. Es treibt mich immer noch weiter ins Leben zu gehen, das Staunen möchte ich niemals verlieren. Und die Liebe, die aus Fragezeichen den Stoff der Bedingungslosigkeit webt.

Eike M. Falk: Geboren in Jena, aufgewachsen in der Pfalz, wohnt in Lintorf im Angerland. Studierte in Mainz, Köln und Hamburg Literaturwissenschaft, Altamerikanistik, Völkerkunde und Informatik. Arbeitete sich vom Zeitungsverkäufer zum Tellerwäscher empor und durch zehn andere Berufe hindurch. Ist ein guter Freund den Wölfen, Fröschen und Chinchillas. Hat es sich abgewöhnt sich das Rauchen abgewöhnen zu wollen. Lebt so gut es geht und soweit es der allgemeine Wahnsinn der menschlichen Gesellschaft zulassen mag.